Rota Para o Profundo

Manuel Joaquim Gentil

NONSUCH MEDIA PTE. LTD.

SINGAPURA

ISBN: 979-8-89214-070-6

Primeira edição publicada em 2023

Título: Rota Para o Profundo

Autor: Manuel Joaquim Gentil

Editora: A. Lee

Design de Capa: Álvaro Oliveira para Nonsuch Media Pte. Ltd.

info@nonsuchmedia.com | nonsuchmedia.com

Índice

Quando a Linguagem Cessa

Os sonetos estão inseridos no tema "Quando a Linguagem Cessa" e nos levam a uma viagem de reflexão através do silêncio — um universo que, às vezes, é ignorado, mas surpreendentemente eloquente.

"O Início do Silêncio", o primeiro soneto, apresenta uma viagem de contemplação, apresentando o silêncio não como um mero vazio, mas como uma amplificação da presença. Assim como sugere que é no retiro do barulho que encontramos a essência do ser e do mundo.

Em seguida, o "Diálogo do Nada", que revela a profundidade das conversas que ocorrem na tranquilidade. O silêncio é representado como um cosmos paralelo, sem ruídos, onde os mistérios do coração são desvendados.

O terceiro soneto, intitulado "Revelação Quieta", reflete sobre a iluminação que surge no silêncio. Com referências textuais e acústicas, descreve como o silêncio reverbera na fala, revelando verdades que as palavras, por vezes, falham em expressar.

"Diálogo das Sombras", quarto soneto, é uma intromissão nas trevas do silêncio. O poeta aponta que a linguagem é genuína, e as palavras adquirem uma ressonância mais profunda e significativa.

Em "Sinfonia do Nada", cada palavra é representada como um eco do silêncio. O poeta retrata o silêncio como uma sinfonia onde verdades se desdobram e segredos são revelados.

O sexto soneto, "Eco do Silêncio", enfatiza a relevância do silêncio para uma comunicação eficiente. Mostra como cada palavra carrega consigo o peso do não dito, e como o silêncio molda e enriquece a linguagem, concedendo-lhe forma e profundidade.

O sétimo e último soneto, intitulado "Harmonia Silenciosa", celebra a presença vital do silêncio na expressão da linguagem. O poeta preconiza que as palavras são apenas reflexos na superfície de um oceano profundo. É no silêncio que elas se envolvem que o mundo se revela na sua plenitude.

Em suma, estes sonetos redefinem o silêncio, não como uma ausência, mas como uma presença poderosa. É um tipo de linguagem que não tem palavras, mas é rica em significado e revelação. É uma ode à tranquilidade, ao silêncio e à profundidade de compreensão, que se alcançam quando a linguagem cede ao silêncio.

O Início do Silêncio

Quando a linguagem cessa, o silêncio se inicia,
Mas não por cessar, a palavra tão vazia.
A ausência da fala apenas torna mais clara,
A presença do Silêncio, que na quietude se declara.

Na ausência do verbo, o Silêncio se revela,
Não como um vazio, mas como presença que apela.
É no não dizer que o mundo fala mais alto,
No Silêncio, descobrimos um novo asfalto.

A ausência da fala torna mais clara a verdade.
Quando a linguagem cessa, o silêncio se inicia,
Não por cessar a palavra tão vazia.

Na ausência do verbo, o Silêncio se revela.
Não como um vazio, mas presença que apela.
No não dizer, descobrimos o mundo na sua amplitude.

Diálogo do Nada

Sem palavras, o diálogo não finda,
O Silêncio, sua própria língua, reivindica.
Entre olhares e suspiros, a conversa se mantém,
No Silêncio, uma nova compreensão advém.

O Silêncio, embora vazio, é rico em som,
Um universo onde o barulho não tem dom.
Na quietude, o coração os seus segredos conta,
E na ausência da palavra, a alma se afronta.

Sem palavras, o diálogo não finda.
O Silêncio, sua própria língua, reclama,
Entre olhares e suspiros, a conversa persiste.

O vazio do silêncio, repleto de melodias subtis,
Num cosmos onde o ruído não possui raíz,
Na serenidade, o coração, suas verdades revela.

Revelação Quieta

Quando as palavras falham, o Silêncio prevalece,
Revela verdades que a boca não tece.
Na calada, o inaudível se faz entender,
E no Silêncio, aprendemos a ser.

No tecido da fala, o silêncio ressoa,
Num sussurro que a palavra ecoa.
A verdadeira voz, em essência, é vazia,
Mas no vazio, o silêncio guia.

Quando as frases se evaporam, a calmaria ascende,
Revela enigmas que a fala não compreende.
Na serenidade, deciframos o que o barulho não transmite.

No tecido da fala, o silêncio se insinua,
Como um eco suave que a voz contínua.
Na ausência de som, a verdade se produz.

Diálogo das Sombras

Entre as linhas do discurso, o silêncio se esconde,
Como sombras que nas palavras se espreitam, responde.
É no sossego que a fala a sua forma encontra,
E no silêncio, a linguagem se pontua, desponta.

A fala é a melodia onde o silêncio dança,
Um balé invisível, uma esperança.
No coração do verbo, o silêncio é rei,
E na sua ressonância, na verdade, deparei.

Nas entrelinhas da conversa, o nirvana se oculta,
Tal como sombras nas palavras, que aguardam e consultam.
Na serenidade, a realidade se revela e se espalha.

A fala é a melodia onde o silêncio dança,
Um balé invisível, uma dança de esperança.
No coração do verbo, o silêncio é um sábio mago.

Sinfonia do Nada

Cada palavra pronunciada é eco do que não se ouve,
Na orquestra do silêncio, a fala se move.
É no não dizer que as verdades se revelam,
E no silêncio, os segredos se desvelam.

No espelho da fala, o silêncio reflete,
A imagem de um ser que se deleita, se ajeita.
Na ressonância do vazio, o ser se encontra,
E na linguagem do silêncio, a alma se pontua.

Dentro do vazio, as verdades dançam livres,
Em cada eco silencioso, uma palavra se esconde,
Na sinfonia do nada, a linguagem responde.

Refletido na fala, o silêncio se desvenda,
Imagem de um ser que na quietude se encontra.
Na ressonância do nada, a alma se revela.

Eco do Silêncio

Na fala, ouve-se o silêncio a ressoar,
Uma pausa que ensina o coração a falar.
A verdadeira essência do que é dito,
Repousa no vazio, no não escrito.

Cada palavra carrega o peso do não dito,
Na melodia do silêncio, encontra-se o infinito.
É na ausência do som que as palavras ganham forma,
No espaço entre elas, o silêncio informa.

Em cada eco silencioso, um sussurro a revelar,
O que o coração guarda, o que a voz não ousa falar.
É na quietude que as palavras ganham vida.

Na pausa, a verdade escondida.
No silêncio, a alma se expressa, sem medo de errar,
E no vazio do eco, a sabedoria a pairar.

Harmonia Silenciosa

O som do silêncio permeia cada frase pronunciada,
Na cadência do que é falado, a quietude é ecoada.
A verdadeira comunicação, mais do que meras palavras,
É a ressonância do silêncio, onde a alma se desagrava.

As palavras são apenas a superfície de um oceano profundo,
É no silêncio que elas mergulham, revelando o mundo.
Na fala, o silêncio não é ausência, mas presença viva,
Uma ponte entre almas, que silenciosamente convida.

O silêncio se infiltra em cada palavra dita,
Na cadência da fala, a tranquilidade é transmitida.
É o espelho do silêncio, onde a alma se liberta.

As palavras são a ponta do iceberg de um mar profundo,
No silêncio, elas afundam, desvendando o mundo.
Um laço entre almas, que a quietude encanta.

Jornada de Revelações: Da Intensidade à Afinidade

A coletânea de sonetos "Da Intensidade à Afinidade" é uma odisseia poética que se baseia no olhar humano. Cada verso é uma experiência introdutória, uma viagem pelas trevas da alma, onde a verdade é revelada e a autenticidade é revelada.

Em "Intensidade Inabalável", o primeiro soneto, temos a oportunidade de experimentar a força transformadora de um olhar penetrante. Como um farol que nos apavora, este olhar inquisitivo ilumina os lugares mais obscuros da existência, revelando verdades que, às vezes, preferimos manter ocultas.

Segue-se "Exclusão das Mentiras", um poema que nos conduz a uma experiência de purificação interior. Diante do foco intenso deste olhar, a falsidade não tem espaço para se esconder. A mentira é dissipada, deixando apenas a verdade nua e crua como marca registada.

Em "Revelação Sob o Olhar", enfrentamos a vulnerabilidade que surge da exposição ao mundo. Ao observar este olhar, a alma revela-se nua, convidando à aceitação e compreensão da nossa essência verdadeira.

"Afinidade Revelada" é um hino à autenticidade e à coragem necessárias para nos expormos, apesar dos nossos defeitos e receios. A celebração do desejo inato de sermos vistos, acolhidos e amparados conforme a nossa individualidade.

"O Olhar Que Desvenda" e "O Peso de Um Olhar" são reflexões finais sobre a profundidade e intensidade do olhar humano. Estes sonetos destacam a capacidade do olhar de penetrar na alma, revelando segredos guardados e refletindo a verdade do ser.

O presente soneto, intitulado "A Vulnerabilidade do Conhecer", explora a busca incessante pelo autoconhecimento e aceitação. O presente poema demonstra o desejo humano de ser compreendido, a coragem necessária para se expor e a vulnerabilidade inerente à revelação da verdade.

Intensidade Inabalável

Quando os seus olhos encontravam os meus,
Era como se o mundo parasse, em adeus.
Com intensidade e uma avidez inquiridora,
Um olhar que penetra, devora.

O seu olhar, quase insuportável, uma força a revelar,
Na sua presença, as mentiras não podiam se alojar.
Era um convite ao nu, à verdade sem disfarce,
Onde cada sombra se desfaz, se desembarace.

Quando os seus olhos se cravavam nos meus,
Era um enigma a desvendar, um rébus.
Um olhar que questiona, que busca respostas.

No seu olhar, uma intensidade inabalável,
Desvendando verdades, tornando-as palpáveis.
Era como um farol, iluminando a minha escuridão.

Exclusão das Mentiras

Na sua visão, as falsidades eram banidas,
Como se a sua visão as tornasse desvanecidas.
Impossível esconder, impossível fingir,
Sob o peso do seu olhar, só a verdade a fluir.

Ela olhava com uma intensidade que queimava,
Um fogo que purifica, que transforma e aclama.
Na sua presença, apenas a essência ressoava,
E no seu olhar, uma conexão que tudo atravessava.

No brilho do seu olhar, as mentiras se dissipavam,
A sua visão, como um farol, as desnudava,
Na sua presença, apenas a verdade sobrevivia.

Ela, com um olhar que penetrava e iluminava,
Uma luz que purifica, que a realidade desvelava.
No seu olhar, uma ponte entre almas se formava.

Revelação Sob o Olhar

Sob a luz do seu olhar, a alma se desnudava,
Era um convite ao verdadeiro eu, que se elevava.
Nada de mentiras, nada de disfarces, apenas ser,
No olhar dela, o mundo parecia renascer.

Sob o brilho do olhar, a alma se expõe,
Verdadeiro eu emerge, no seu trono se põe.
Sem máscaras ou mentiras, apenas existir,
No olhar dela, o mundo a insistir.

Desejamos conhecer, ser conhecidos, explorar,
Até querer ser julgados, o nosso valor confirmar.
Mas nesse saber, risco e vulnerabilidade há.

Na revelação do ser, a alma a arriscar.
Vulnerabilidade e medo, um preço a pagar,
Mas sob o olhar dela, vale a pena enfrentar.

Afinidade Revelada

Em busca de aceitação, a alma se desnuda,
Afinidade revelada, numa dança que não é muda.
No cenário da vida, a vida nos convida,
A sermos nós mesmos, numa jornada incontida.

Nas profundezas do ser, um eco ressoa,
O desejo de ser visto, como a maré vazante flutua.
Na arena da existência, cada papel nos molda,
Revelando a nossa essência, a verdade que se desdobra.

No âmago do ser, uma verdade se desdobra,
Ser avaliado, amado, uma jornada que nos cobra.
Avaliar e ser avaliado, um risco que fascina.

Neste jogo de conhecer, a alma se expõe,
Buscando aprovação, em terras desconhecidas se lança.
A vulnerabilidade é o preço do ser conhecido.

O Olhar Que Desvenda

Quando ela olhava, era com uma intensidade tal,
Uma cobiça inquisidora, um desejo sem igual.
Nunca senti tal fogo, tal profundidade em outro olhar,
Era quase insuportável, mas impossível desviar.

Na sua presença, as mentiras se desfaziam no ar,
O seu olhar, um farol, que tudo podia clarear.
Era como se, sob sua vista, só a verdade pudesse respirar,
E no seu mundo, a falsidade não tinha lugar.

Os seus olhos eram um espelho, refletindo a alma nua,
Revelando segredos guardados, sob a luz da lua.
Era uma dança de verdades, um jogo de revelar.

Cada olhar trocado, tinha um mistério a desvendar.
No ritmo do seu olhar, escondia-se um canto divino,
E na melodia da sua presença, descobria-se o destino.

O Peso de Um Olhar

Ela olhava, e quando o fazia, era um mundo a se abrir,
Com uma ganância de saber, que fazia o coração fugir.
Um olhar tão penetrante, que desarmava a alma,
Na tempestade da sua atenção, uma estranha calma.

As suas pupilas, portais para uma verdade sem concessão,
Diante dela, todo o véu caía, toda a sombra era em vão.
Era um universo onde só o real podia dançar,
E no seu olhar, era impossível não se encontrar.

Em cada olhar profundo, surgia uma nova dimensão,
Revelando segredos escondidos, num ritmo de confissão.
O brilho da suas íris, era um farol a guiar.

No mar da autenticidade, uma rota a navegar.
Os seus olhos, janelas para um mundo de compreensão,
E na dança dos seus olhares, encontrava-se a redenção.

A Vulnerabilidade do Conhecer

Ansiamos por conhecer, por revelar a nossa essência,
Por sermos vistos, julgados, com presença.
Desejamos que nos vejam, que nos confirmem,
Que nos seus olhos, as nossas verdades afirmem.

Mas na luz desse conhecer, uma sombra se faz presente,
A vulnerabilidade, um risco iminente.
É na entrega que o medo e a esperança se encontram,
Na busca de sermos conhecidos, os nossos corações se
pronunciam.

Na trilha do conhecer, cada passo é uma jornada,
Onde o julgamento nos observa, numa visão sagrada.
Na busca pela aceitação, cada palavra é um grito.

A nossa voz ecoa, num universo infinito.
Na dança do desvendar, a alma se expõe,
E na conexão mais sincera, a verdade se impõe.

O Desejo de Ser Visto

Os três sonetos em questão nos levam a uma viagem introspectiva, na qual o poeta com habilidade explora os anseios do ser visto, compreendido e amado. Ao longo da sua trajetória, ele notou a vulnerabilidade que permeia esse desejo.

O "O Julgamento Desejado", o primeiro soneto, apresenta uma representação da vida como um palco, com cada um assume a função de ator e crítico. A metáfora do teatro é um espelho para a nossa constante busca de aceitação e reconhecimento. O poema insinua que, ao desejarmos ser julgados e valorizados, corremos o risco de revelarmos nossa essência mais íntima, na esperança de estabelecer uma ligação verdadeira e um vínculo afetivo.

Ao prosseguirmos para "Conhecimento e Revelação", o segundo poema, somos conduzidos a explorar o desejo de conhecer e ser conhecido. O poema evidencia a contradição entre o desejo de ser revelado e a vulnerabilidade que a exposição acarreta. A relação delicada entre conhecer e ser conhecido é retratada como um risco a ser assumido, já que é por meio desse processo que estabelecemos uma conexão verdadeira entre nós mesmos.

O "O Julgamento e a Aprovação", terceiro soneto, aprofunda ainda mais a reflexão sobre o impulso humano de aprovação e de afeição. Este soneto salienta a incerteza e a fragilidade que permeiam a busca, mas também salienta a beleza e a esperança que surgem quando nos dediquemos a ela.

20

O Julgamento Desejado

Num palco invisível, onde dançamos ao vento,
A procura por aplausos, é nosso eterno tormento.
Cada passo, cada gesto, revela um sentimento,
Na grande peça da vida, somos ator e argumento.

No teatro sem cortinas, onde o mundo é plateia,
Buscamos a aceitação, na dança que incendeia.
O julgamento nos fascina, na trama que enleia,
É na arte de ser nós, que a verdadeira beleza permeia.

Entre o desejo de ser julgado, uma verdade se esconde,
Queremos ser valorizados, em julgamentos nos encontramos.
Entregar-se é arriscar, na esperança de ser amado.

Conhecer e ser conhecido, uma dança delicada,
Onde julgar e ser julgado, a nossa essência aclamada.
É no risco dessa troca, que a conexão verdadeira nasce.

Conhecimento e Revelação

Desejamos conhecer, ser descobertos, sem véu,
Buscar no outro, um espelho, um céu.
Mas nesse querer, na verdade, um julgar se esconde,
Desejamos ser valorizados, na conexão profunda que responde.

No entanto, esse anseio traz consigo um risco,
Uma vulnerabilidade que nos deixa exposto ao disco.
É no revelar-se, no ser conhecido, que a alma se arrisca,
Na esperança de encontrar afirmação, uma brisa.

Na dança delicada de conhecer e ser conhecido,
Encontra-se o julgamento, a essência do sentido.
E é nesse risco, que a verdadeira ligação se forma.

Onde a alma se revela, na mais pura norma,
No palco do desejo, onde o julgamento é aclamado,
Nasce a conexão real, no ser que é amado.

O Julgamento e a Aprovação

No fundo do ser, um desejo de ser julgado, compreendido,
Não por crítica, mas por um olhar que nos deixa colorido.
É uma busca por aprovação, por um toque que afirme,
Que entre tantas vozes, a nossa se confirme.

Mas esta jornada de conhecer e ser conhecido,
De se abrir ao julgamento, ao olhar enternecido,
Carrega a incerteza, a fragilidade do ser,
Na busca por um porto, onde possamos nos reconhecer.

No ato de entrega, uma verdade se revela,
É na dança do arriscar, que a esperança se desvela.
Na busca por ser amado, cada gesto é um fado.

Onde o julgamento é desejado, o nosso valor é aclamado.
Na troca de olhares, um laço se forma,
E na conexão verdadeira, a alma se transforma.

Existência e Legado

Os sonetos "Raízes de Existência", "Legado de Vida", "Continuidade" e "Herança Imaterial" exploram a existência humana e o legado, apresentando uma rica variedade de reflexões sobre a ligação intrínseca entre as gerações passadas, presentes e futuras.

Em "Raízes de Existência", o poeta nos ensina que não somos uma ilha isolada, mas sim frutos fortes plantados por outras gerações. Ele nos recorda a existência de diversas histórias de perseverança e êxito, o que torna indispensável reconhecer e valorizar essas raízes para compreendermos de forma mais aprofundada a nossa posição no mundo.

O segundo soneto, "Legado de Vida", nos mostra a imagem de cada um de nós como um elo vital numa cadeia de resistência e paixão pela vida. Ele enfatiza que os nossos feitos, descobertas e criações não são apenas frutos dos nossos esforços individuais, mas também do legado deixado por aqueles que vieram antes de nós.

A "Continuidade", o terceiro soneto, mergulha ainda mais profundamente na conexão entre passado, presente e futuro. O poeta sugere que somos expressões vivas do amor, da alegria e da luta dos nossos antecessores. As nossas vidas são ricas em significados, e a nossa memória é um tesouro a ser valorizado.

O quarto soneto, "Herança Imaterial", celebra a riqueza intangível que cada um de nós carrega dentro de nós. O poeta nos lembra que os nossos gestos, palavras e sonhos são reflexos das vidas dos que nos antecederam e que, mediante nós, as suas histórias continuam vivas.

Raízes de Existência

Para que eu pudesse aqui estar,
Alguém teve que lutar, amar, sem cessar.
No tecer da história, uma batalha silenciosa,
Um amor profundo, uma risada generosa.

Em cada sorriso, a história de uma luta,
Em cada abraço, a força que nunca se encurta.
Para a minha existência se fazer presente,
Alguém viveu intensamente, ardente.

Para a minha existência florescer,
Alguém teve que resistir, com amor prevalecer.
Um carinho sem fim, um riso iluminado.

Em cada risada, um eco de bravura,
Para a minha vida se fazer, alguém queimou com fervura.
A energia que nunca falha, um carinho consagrado.

Legado de Vida

A minha vida não começou com o meu primeiro respirar,
Foi forjada em batalhas, em risos, em amar.
Antes de mim, uma cadeia de resistência,
De alguém que enfrentou a existência.

Para que eu pudesse ver a luz do dia,
Alguém manteve a esperança, na alegria.
Cada passo que dou, cada descoberta, cada ação,
É fruto de quem viveu com paixão.

Antes de mim, um legado de coragem,
Forjado em risos, amor e personagem.
De alguém que batalhou, resistiu à tempestade.

Para eu ver a luz, alguém manteve a bondade.
Cada passo, cada sonho, cada criação,
É fruto de quem viveu com convicção.

Continuidade

Não estou aqui por acaso, nem isolado,
Sou o resultado de um passado apaixonado.
Alguém lutou, riu, e em amor transbordou,
Para que a minha vida, hoje, pudesse ser ancorada.

Na teia do tempo, fios de alegria e dor,
Entrelaçados na tapeçaria que sou.
A minha existência é a prova, o testamento,
De que alguém, antes de mim, viveu plenamente.

Na dança do tempo, um passado floresceu,
Com risos e lágrimas, a vida se deu.
Ecoando por mim, um amor verdadeiro.

Em cada gesto, em cada pensamento,
Reside a memória de um tempo bem gasto.
Uma celebração da vida, um canto sincero.

Herança Imaterial

Neste mundo, a minha presença tem uma razão,
Eco de risos, lágrimas, de uma antiga canção.
Para que eu pudesse ser, alguém não desistiu,
Com amor e alegria, o caminho construiu.

Cada gesto meu, cada palavra, cada sonhar,
Tem raízes em quem soube lutar e amar.
Sou a soma de histórias, de vidas entrelaçadas,
Memória viva de almas apaixonadas.

No vasto universo, a minha existência tem um motivo,
Eco de risos e lágrimas, de uma canção antiga.
Para que eu pudesse estar aqui, alguém insistiu.

Cada palavra que profiro, cada sonho que ousadia,
São raízes de quem lutou, amou sem hipocrisia.
Sou o tecido de histórias, memória viva em harmonia.

Além da Esperança

Os sonetos "Esperança na Luta", "O Valor do Combate", "Força Invisível" e "Além da Esperança" apresentam uma narrativa que aborda a resiliência diante da adversidade. O poeta, ao utilizar a sua linguagem lírica, pretende traçar um retrato nítido do espírito humano, que, apesar de enfrentar dificuldades, ainda se empenha com perseverança.

Em "Esperança na Luta", o primeiro soneto, o poeta revela que a esperança não é apenas um prémio a ser alcançado no final da batalha, mas um companheiro constante durante todo o conflito. A esperança é descrita como uma luz suave que brilha na escuridão, nos guiando para um novo dia.

O segundo soneto, intitulado "O Valor do Combate", enfatiza que a verdadeira vitória não está em termos de uma conquista de um prémio final, mas sim de uma capacidade de persistir, e lutar, apesar de o objetivo parecer cada vez mais distante. A força reside na perseverança, na coragem de enfrentar dificuldades, o que nos torna invencíveis de forma verdadeira.

No terceiro soneto, "Força Invisível", o poeta nos lembra que a verdadeira força não está na realização de um objetivo, mas na determinação de seguir, mesmo quando todas as luzes parecem ter se apagado. É a tenacidade e o esforço contínuo que dão origem à verdadeira esperança.

O último soneto, "Além da Esperança", propõe que a nossa
resistência não se baseie na promessa de um futuro promissor, mas
sim no facto de que, ao resistir, o nosso espírito se fortalece.
Apesar de parecer que não há mais motivos para aguardar, é na
essência da luta que descobrimos um novo caminho a ser trilhado.

Dessa forma, estes poemas nos convidam a refletir sobre a
natureza da resiliência humana e a relevância de manter a chama
da esperança acesa, mesmo diante dos maiores desafios. O autor,
através de uma poesia, nos instiga a reconhecer a força que existe
em cada um de nós e a apreciar a beleza da persistência e da
coragem.

Esperança na Luta

Mesmo quando a esperança parece se esvair,
Na luta, um novo alvorecer está a surgir.
No mais abismo da desolação,
A resistência acende uma luz na escuridão.

Lutamos não apenas pelo que podemos ganhar,
Mas pela promessa do que podemos sonhar.
Na jornada árdua, cada passo, uma centelha,
Revelando que na batalha, a esperança é nossa companheira.

Mesmo quando a esperança aparenta desaparecer,
Na luta, um novo dia tem o poder de renascer.
No abismo do desespero, brilha uma chama.

Lutamos não só pelo prémio final,
Mas pelo sonho que nos faz voar.
Em cada passo árduo, a esperança é nossa arma.

O Valor do Combate

Ainda que o horizonte se mostre inalcançável,
No coração da luta, somos imparáveis.
É no enfrentar dos ventos contrários que aprendemos,
Que mesmo sem esperança, pelo futuro contendemos.

Não é na vitória que a esperança reside,
Mas no persistir, na coragem que não se divide.
Em cada esforço, em cada tentativa incansável,
Descobrimos que na luta, somos indomáveis.

Ainda que o amanhã pareça implacável,
Na luta, mostramos ser inabaláveis.
No desafio dos ventos, a lição é aprendida.

Não é no triunfo que a esperança é definida,
Mas na resistência, na coragem intransigível.
Em cada tentativa, em cada esforço infatigável.

Força Invisível

Quando todas as luzes parecem se apagar,
Na sombra da luta, aprendemos a caminhar.
É na persistência, no não ceder ao desespero,
Que encontramos a força para enfrentar o nevoeiro.

Mesmo na ausência de um fim à vista,
A esperança na luta nunca desista.
Pois é no caminhar, no constante esforçar,
Que a verdadeira esperança começa a brilhar.

Mesmo quando a jornada é incerta,
Na batalha, a nossa resiliência desperta.
No desafio, descobrimos o nosso alento.

Na ausência de luz, na vastidão do escuro,
A esperança persiste, o seu brilho é seguro.
É no avançar constante que a fé se levanta.

Além da Esperança

Mesmo que nos digam que não há mais por onde esperar,
Na essência da luta, um novo caminho vamos trilhar.
Pois mesmo na mais completa escuridão,
A ação em si carrega a verdadeira solução.

Não lutamos porque temos a certeza do amanhã,
Mas na luta, a nossa alma se irmana.
É no ato de resistir, de se levantar e prosseguir,
Que a mais pura esperança insiste em existir.

Mesmo quando todas as luzes parecem se apagar,
No coração da luta, um novo sonho a despertar.
Mesmo na noite mais escura, a chama persiste.

Não resistimos por garantia de um futuro brilhante,
Mas na resistência, o nosso espírito é galante.
É na coragem de enfrentar que a esperança insiste.

Arquitetos da Liberdade Ilusória

Os poemas "Construtores da Ilusão", "Labirinto do Destino", "Tecelões da Dúvida" e "Sombras do Amanhã" são uma compilação de poemas que nos leva a uma viagem introspectiva pelas complexas relações entre poder, liberdade, destino e ilusão.

Na primeira parte do soneto, "Construtores da Ilusão", somos introduzidos ao conceito de que somos os mestres artesãos das nossas próprias prisões. O escritor nos convida a refletir sobre como, na busca por liberdade, criamos barreiras de ilusão que limitam a nossa perceção e aprisionam-nos num círculo de enganos. A liberdade é retratada não como um estado natural, mas como uma ilusão que nos envolve na sua teia.

Ao avançar para "Labirinto do Destino", o poeta explora ainda mais a ideia de liberdade e escolha. A liberdade é representada como uma sombra vagarosa e a ilusão de liberdade é um som que ecoa nas paredes do labirinto que construímos para nós próprios. A esperança, neste contexto, é extremamente frágil, sob a influência das nossas escolhas ilusórias.

Em "Tecelões da Dúvida", o terceiro soneto, é apresentado à ideia de que somos dotados de dom de criar ilusões com fios subtis de engano. A liberdade é retratada como uma promessa vazia, uma promessa que nos atrai para direções incertas e repletas de esperança.

No seu último soneto, "Sombras do Amanhã", o poeta descreve o futuro como um teatro construído sob a sombra da incerteza. Todos nós acreditamos sermos livres, mas na realidade, somos marionetas dançando ao som da música criada pelos arquitetos da ilusão.

Em linhas gerais, esses sonetos nos instigam a questionar a natureza da liberdade e a refletir sobre o papel que desempenhamos na criação da nossa realidade. Os resultados atraem-nos para a busca da liberdade verdadeira, que está em aceitar a complexidade da nossa existência.

Construtores da Ilusão

Somos arquitetos da ilusão de escolha,
Moldando caminhos que a liberdade cocha.
Em labirintos de opções, a verdade se esconde,
Nas sombras do destino, onde o livre se confunde.

Com mãos invisíveis, desenhamos a rota,
Uma escolha falsa, que ao final, pouco importa.
No jogo do poder, a liberdade é mera ilusão,
E sob os nossos traços, se perde a direção.

Somos mestres no jogo de manipulação,
Criando ilusões que limitam a perceção.
Num mar de falsidades, a verdade se dilui.

Com traços impercetíveis, o caminho construímos,
Uma estrada enganosa, onde o livre se iludimos.
Na dança do controlo, a liberdade se reduz.

O Labirinto do Destino

Criamos labirintos, com entradas e sem saída,
Ilusão de escolha, em cada encruzilhada perdida.
Neste jogo de espelhos, apenas a imagem reflete,
A liberdade, uma sombra, que o tempo não respeita.

Arquitetos do fado, manipulamos o cenário,
Onde o livre arbítrio é um conceito imaginário.
Nas paredes do labirinto, a esperança se desfaz,
E a ilusão de escolher, nos aprisiona mais.

Desenhamos enganos, com promessas vazias.
Em cada beco, uma nova fantasia,
Neste jogo de sombras, a liberdade se desfaz.

Moldamos o destino, com mãos invisíveis,
Onde a escolha é uma quimera, entre mil impossíveis.
No labirinto do tempo, a verdade se desvanece.

Tecelões da Dúvida

Tecemos a ilusão com fios de subtileza,
Oferecendo caminhos, escondendo a fortaleza.
A escolha, um labirinto de portas que se fecham,
E os sonhos, nas teias da dúvida, perecem.

Arquitetos da enganação, mestres da deceção,
Vendemos liberdade, mas entregamos confusão.
Na tapeçaria da vida, os fios se entrelaçam,
E nas mãos do destino, as escolhas se embaraçam.

Com delicadeza, traçamos caminhos incertos,
Prometendo liberdade, mas entregando desertos.
Na dança da dúvida, os sonhos se desvanecem,

Somos mestres do engano, artífices da ilusão,
Oferecemos escolhas, mas entregamos deceção.
Na teia do destino, as esperanças se enlaçam.

Sombras do Amanhã

Desenhamos o futuro com linhas de incerteza,
Cada escolha, uma sombra, cada decisão, uma reza.
Na arquitetura do destino, a liberdade é uma arte,
Uma ilusão pintada, da qual todos tomam parte.

Nas sombras do amanhã, construímos o palco,
Onde cada ator crê ser livre, mas segue o mesmo calco.
Sob o véu da escolha, o caminho é um só,
E os arquitetos da ilusão, no fundo, somos nós.

Modelamos o incerto, com pinceladas de dúvida,
Cada passo é uma promessa, cada parada, uma luta.
Na tela do futuro, a liberdade é um rascunho.

Entre as sombras do agora, esboçamos o enredo,
Onde cada personagem crê no seu segredo.
Mas sob o manto da ilusão, o caminho é comum.

Celebração da Singularidade e Diversidade

Os sonetos "Em Nome da Individualidade", "O Valor do Ser", "A Singularidade Como Arte", "Homenagem ao Indivíduo", "Somar e Crescer", "Confluência de Rios", "Jardim de Diversidades" e "Jardim de Diversidades" são uma homenagem à singularidade humana, uma ode à diversidade que nos define. Eles exploram as perspetivas da nossa individualidade, revelando a riqueza inestimável que decorre da complexidade das nossas diferenças.

"Em Nome da Individualidade" é uma exaltação da singularidade de cada indivíduo. Assim como um artista que cria uma obra-prima singular, o poeta exalta a singularidade intrínseca que existe em cada um de nós. Cada linha, cada traço e cor são um hino à nossa singularidade, uma declaração persuasiva da relevância inalienável de cada indivíduo.

"O Valor do Ser" é um convite para contemplar as particularidades de cada caminho existencial. O poeta se apropria da dignidade inerente ao ser, salientando a importância de cada espírito. Cada palavra, cada história e cada traço representam uma homenagem à singularidade e ao reconhecimento da relevância de cada existência.

"A Singularidade Como Arte" é uma reflexão sobre como a arte é um reflexo da individualidade, refletindo a variedade e a singularidade da experiência humana. O poeta exalta a jornada única de cada ser, considerando cada palavra, cada traço e cada pincelada como uma expressão da nossa individualidade.

A "Adoração ao Indivíduo" é uma celebração do indivíduo, um universo em si. Cada ser, cada traço, cada linha, cada gota de existência são uma representação da nossa singularidade, uma celebração da nossa individualidade que nos define.

"Somar e Crescer" é um hino à união das diferenças. O poeta exalta a variedade e a riqueza que decorrem da soma das nossas diferenças, destacando a essência multifacetada da cultura, que surge da interação entre as nossas influências.

"A Tapeçaria Cultural" é uma homenagem à cultura como uma tapeçaria rica de histórias enlaçadas. Cada fio, cada influência externa, acrescenta ao tecido cultural, tornando-o mais rico e vibrante.

A "Confluência de Rios" é um convite para podermos compreender a cultura como uma confluência de diversos rios, cada qual com as suas próprias águas e os seus próprios desafios. O poeta explora a ideia de que a verdadeira força da cultura está na soma das influências, na interação das marés.

Finalmente, o título "Jardim de Diversidades" compara a cultura a um jardim, no qual a beleza está na variedade de espécies vegetais. O poema reforça a ideia de que a verdadeira essência da cultura surge quando aceitamos cada influência, cada canção.

Esses sonetos são um convite para celebrar a nossa singularidade e a diversidade que nos define, convidando-nos a reconhecer as nossas diferenças e a reconhecer a riqueza que surge da individualidade.

Em Nome da Individualidade

Gostaria que o meu trabalho representasse a singularidade,
Uma ode à essência única da nossa humanidade.
Não há cena mais rica, mais profunda ou mais viva,
Do que a experiência individual, que cada ser cativa.

Cada traço que deixo, cada linha que desenho,
É um convite para conhecer o que é só seu, o que é seu empenho.
Na tapeçaria da existência, cada fio é um testemunho,
Da beleza incomparável, do ser humano no seu cunho.

Cada pincelada que dou, cada cor que escolho,
É um tributo à singularidade, ao que é único no seu olho.
Na tela da vida, cada traço é uma história.

Cada momento capturado, cada luz, cada sombra,
É um reflexo da essência, do que em assombra.
No mosaico da humanidade, cada pedaço é uma glória.

O Valor do Ser

O meu trabalho clama pela importância do indivíduo,
Pela experiência singular, pelo itinerário inédito.
Não existe aventura maior, nem descoberta mais fina,
Do que a jornada de cada alma, única e divina.

Cada obra que crio, cada história que narro,
Busca capturar a essência de um espírito claro.
No vasto universo de seres e mentes,
A individualidade é o sol, que eternamente ardente.

Cada traço que delineio, cada palavra que inspiro,
É uma homenagem à singularidade, ao que é seu e não retiro.
No vasto mosaico da existência, cada peça é uma chama.

Cada vida, um universo, cada alma uma trama.
Busco eternizar o efémero, dar voz ao silente.
Na sinfonia da vida, cada nota é resplandecente.

A Singularidade Como Arte

Quero que a minha arte seja um espelho da individualidade,
Refletindo a diversidade e a peculiaridade.
Não há experiência mais vasta, mais rica em matiz,
Do que o ser humano na sua essência, na sua raiz.

Cada pincelada, cada palavra escrita,
Celebra a jornada única, a vida infinita.
No palco do mundo, cada ser é um ator principal,
Na peça da vida, o individual é o real.

Cada traço que desenho, cada frase que componho,
É um hino à singularidade, ao que é seu e eu ponho,
Na tapeçaria da existência, cada fio tem o seu papel.

Cada vida, uma narrativa, cada ser um sopro celestial.
Realço a essência única, o individual no seu pedestal.
Na sinfonia da existência, cada nota é um festival.

Homenagem ao Indivíduo

A minha aspiração é que cada obra minha exalte o individual,
Que mostre que cada ser é um universo, um potencial.
Não há maior tesouro, nem experiência mais profunda,
Do que conhecer a si, na jornada mais fecunda.

No coração da minha arte, a individualidade ressoa,
Um hino à singularidade, que em cada um ecoa.
Pois no vasto oceano da humanidade,
Cada gota, cada ser, carrega a sua própria verdade.

Cada traço que traço, cada linha que desenho,
É um reflexo da singularidade, do que é seu e eu tenho.
Na teia da existência, cada fio tem a sua cor.

Cada vida, um enigma, cada ser um autor.
Celebro a essência única, o individual no seu esplendor.
Na orquestra da vida, cada nota é um brado.

Somar e Crescer

Enquanto o essencial numa cultura é adicionar,
Uma realidade construída pelo que se soma.
A cultura é o resultado de influências diversas,
Negar isso não só a empobrece, mas a subverte.

Buscar uma única raiz, uma essência singular,
Leva não só à ruína, mas ao seu apagar.
Na soma das vozes, na mistura das cores,
Encontra-se a riqueza dos seus valores.

Cada palavra que ouço, cada gesto que observo,
Tecem a tapeçaria cultural, o mosaico que preservo,
Na dança da diversidade, cada passo tem o seu ritmo.

Cada voz, um canto, cada cor um símbolo.
Celebro a união das diferenças, a soma no seu esplendor.
Na sinfonia cultural, cada nota é um alarido.

A Tapeçaria Cultural

Uma cultura, na verdade, é uma tapeçaria rica,
Tecida com fios de mil histórias, uma prática.
Cada influência externa é um fio a mais,
Enriquecendo o tecido, tornando-o capaz.

Pretender uma origem única é perder-se,
Ignorar que na diversidade, culturas florescem.
É na soma, no acréscimo, que a cultura respira,
E no seu vasto mosaico, a humanidade se inspira.

Cada tradição que surge, cada ideia que se entrelaça,
Adiciona ao tecido cultural, uma nova cor, uma nova graça.
Na moldura da diversidade, cada peça tem o seu lugar.

Cada cultura, um hino, cada voz um mar.
Celebramos a mistura das diferenças, o mosaico no seu fulgor.
Na tapeçaria cultural, cada fio é um bramido.

Confluência de Rios

A cultura é como a confluência de múltiplos rios,
Cada um trazendo as suas águas, seus desafios.
Acreditar numa única fonte, um único curso,
É ignorar o fluxo da história, seu recurso.

Na soma das influências, na fusão das marés,
A cultura ganha força, forma e fé.
É nesse encontro, nessa união que ela se edifica,
E na diversidade, verdadeiramente se justifica.

Cada rio que se une, cada corrente que se entrelaça,
Adiciona à cultura, uma nova cor, uma nova graça.
Na confluência das marés, cada onda tem o seu lugar.

Cada voz, um eco, cada tradição um farol a brilhar.
Celebramos a união dos rios, a confluência no seu esplendor.
 Na cultura multifacetada, cada gota é um sopro de valor.

Jardim de Diversidades

Num jardim, a beleza está na variedade das flores,
Na cultura, na soma das suas cores.
Buscar uma única essência, um único tom,
É negar o jardim, deixar o solo monótono.

A verdadeira cultura floresce na adição,
Na aceitação de cada influência, cada canção.
É nesse jardim diverso que a cultura se define,
E na riqueza das suas diferenças, genuinamente brilha.

Cada flor que brota, cada cor que se revela,
Adiciona à cultura, uma nova aguarela.
No jardim das diversidades, cada pétala tem o seu lugar.

Cada voz, um perfume, cada tradição um sol a iluminar.
Celebramos a mistura das flores, o jardim no seu esplendor.
Na cultura multifacetada, cada botão é um testemunho de amor.

Desafio às Narrativas Convencionais e a Busca pela Profundidade

A coleção de sonetos "Além das Narrativas", "A Busca por Profundidade", "Desafiar o Convencional" e "Olhares Ampliados" é composta por uma rica variedade de pensamentos e reflexões que desafiam a rotina dos pensamentos convencionais e transportam-nos para o profundo campo da introspeção.

A "Além das Narrativas" é um convite subtil para podermos nos despedir do conforto da familiaridade e explorar a profundidade oculta da existência. Como um sussurro na brisa, o poeta nos incentiva a questionar as histórias simples que nos são contadas e a procurar as verdades complexas nas sombras. A narrativa não é uma sequência de eventos, mas um longo caminho de emoções, perspetivas e experiências que nos esperam para serem descobertas.

"A Busca por Profundidade" é um chamado ao mergulhar num mar de desconhecidos. O poeta enfatiza que a essência da vida e das histórias não está nas superfícies tranquilas, mas sim nas profundezas abissais, onde os mistérios se desdobram. O poema convoca-nos a abandonarmos a segurança do mundo superficial e aventurarmo-nos no profundo, onde as verdadeiras histórias se revelam.

"Desafiar o Convencional" é uma forma de protesto contra o conformismo. O escritor nos instiga a indagar, questionar e enxergar além do que é facilmente percebido. O poema nos lembra que devemos abraçar a complexidade das narrativas e desafiar as perceções simplistas que, muitas vezes, nos são apresentadas.

O soneto final, "Olhares Ampliados", é um hino à busca pela verdade e o poeta nos recorda que a verdade não está localizada na superfície, mas sim nas profundezas, onde o olhar comum raramente se deteve. O poema é um chamado para podermos expandir os nossos horizontes, buscar o desconhecido e desafiar o que é convencional.

Estes sonetos mostram a importância do pensamento crítico e da busca por profundidade nas narrativas e convidam-nos a questionar, explorar e desafiar o convencional, lembrando que as histórias são ricas e complexas, com diferentes vozes e perspetivas.

Além das Narrativas

Um lembrete persistente nos convida a olhar,
Além do simples, do narrar superficial a guiar.
As histórias convencionais, muitas vezes simplistas,
Escondem verdades complexas, vistas quase místicas.

Precisamos desvendar o véu das aparências,
Explorar profundezas, questionar as evidências.
Em cada história, um universo a descobrir,
Para além do convencional, é preciso ir.

Cada linha lida, cada palavra que se desvenda,
Revela um novo mundo, uma nova encomenda.
Além das narrativas, cada história tem o seu espaço.

Cada voz, um eco, cada trama um mar a navegar.
Celebramos o desconhecido, a profundidade em cada letra.
Em cada conto não esboçado, cada silêncio é um clamor de
descoberta.

A Busca por Profundidade

Na superfície das águas tranquilas, reflexos enganam,
Histórias convencionais, que na sua simplicidade nos amanham.
Mas é na profundidade, onde as correntes se cruzam,
Que as narrativas se complexificam e as verdades se luzem.

Não nos contentemos com o que é fácil de entender,
Há sempre mais, sob as camadas, a se conhecer.
Uma lembrança constante, a necessidade de explorar,
Para além do simples, as nossas mentes navegar.

No coração do enigma, onde as sombras dançam,
Novos mundos desdobram-se, e as nossas mentes se lançam.
Longe do raso, no profundo é que a verdade se expande.

Na tapeçaria de palavras, onde o incomum se faz grande.
O desconhecido nos chama, um canto subtil e estranho,
Em cada história não celebrada, uma nova rota para o nosso
rebanho.

Desafiar o Convencional

Contra o simples, o convencional, um desafio se ergue,
Buscar nas entrelinhas, onde o complexo se refogue.
Histórias simplistas não contam o todo, apenas uma fração,
É na multiplicidade de vozes que encontramos a verdadeira
canção.

É uma recordação para sempre questionar, sempre duvidar,
Para além do superficial, os nossos olhos treinar.
Na riqueza das narrativas, a complexidade abraçar,
Contra o simplismo, as nossas mentes afiar.

No labirinto de letras, onde as tramas se entrelaçam,
Novos significados surgem, e as nossas mentes se abraçam.
Longe do comum, é no intrincado que a emoção se aguça.

O ordinário se transforma, e a imaginação se solta.
O desconhecido nos seduz, um chamado para o novo,
Em cada história não vivida, um desafio para o nosso povo.

Olhares Ampliados

Um lembrete de que a verdade não reside na superfície,
Contra as narrativas simplistas, uma resistência se edifica.
Devemos olhar além, onde as histórias se entrelaçam,
E as simplicidades convencionais descompassam.

Nas sombras das grandes histórias, detalhes se escondem,
É na busca pelo profundo que os entendimentos se encontram.
Para além do que é simples, uma jornada necessária,
Contra o convencional, uma busca contrária.

No tecido das palavras, onde as vozes se fundem,
Novos ângulos revelam-se, e as nossas mentes se confundem.
Longe do ordinário, é no intrincado que a verdade se desvenda.

O comum se desconstrói, e a sabedoria se estende.
O desconhecido nos atrai, um convite para o profundo,
Em cada história não explorada, um universo novo e fecundo.

Odisseia do Autoconhecimento

A compilação de sonetos, que inclui "Missão de Conhecer", "A Aprendizagem do Ser", "Viagem de Despertar", "Propósito de Ser", "Caminho do Conhecimento", "Aprendiz da Vida" e "Descoberta sem Fim", é uma viagem poética e introspetiva pelo labirinto da existência humana. Cada poema é um indicador que nos leva à compreensão aprofundada da natureza humana, da relevância do conhecimento e da empatia.

A "Missão de Conhecer" é um chamado ao envolvimento para explorar o vasto campo do conhecimento. Este poema nos recorda a importância de não julgarmos ou condenarmos, mas sim de buscarmos o conhecimento e a compreensão. O poema, que é uma tradução das palavras de grandes pensadores ao longo dos séculos, nos inspira a nos afastar da ignorância e abraçar a luz do conhecimento.

"A Aprendizagem do Ser" é uma celebração da jornada contínua de aprendizagem que constitui a existência humana. O poema, com a subtileza de uma brisa matinal, nos lembra que cada experiência é uma oportunidade de aprimoramento e crescimento, conforme a ideia contemporânea de que a aprendizagem é um processo contínuo, no qual cada encontro pode ser uma fonte de aprendizagem.

A "Viagem de Despertar" é uma ode à descoberta e ao crescimento da mente. Este poema nos inspira a encarar cada encontro como uma oportunidade de adquirir um novo conhecimento. A valorização da aprendizagem como uma jornada de descoberta, que pode resultar em novas intuições e compreensões.

O "Propósito de Ser" é uma ferramenta poderosa para lembrar que o objetivo primordial da existência é a obtenção de compreensão, aceitação e afeto. O conhecimento e a necessidade de amarmos a nós mesmos, com todas as imperfeições, ecoam a ideia de que o amor-próprio e a compreensão são fundamentais para a nossa existência.

"Caminho do Conhecimento" é um hino à jornada em busca do conhecimento. O poema ressalta a importância da empatia e da compaixão nessa busca, lembrando-nos que o conhecimento é uma jornada, não um destino, e que cada passo em direção ao desconhecido é uma vitória.

"Aprendiz da Vida" celebra a vida como uma jornada constante de aprendizagem. O poema nos incentiva a abraçar as diferenças e a buscar a sabedoria na diversidade da existência humana. Ele nos lembra que cada rosto desconhecido é um novo mundo a ser explorado, uma nova oportunidade para aprender e crescer.

Por fim, "Descoberta Sem Fim" nos lembra que a busca pelo conhecimento é uma jornada sem fim. O poema nos convida a ver cada experiência como uma oportunidade de enriquecimento pessoal e a tecer a tapeçaria das nossas vidas com as cores vibrantes da descoberta e da aprendizagem.

Juntos, esses sonetos formam uma poderosa declaração sobre a importância do conhecimento, da compreensão e da empatia na jornada humana. Eles nos convidam a abraçar a complexidade da existência humana e a buscar a verdade em cada encontro e cada história.

Missão de Conhecer

Não vim a este mundo para julgar ou condenar,
Vim para descobrir, aprender, e no saber me embalar.
Cada ser, cada história, um universo a explorar,
Na imensidão do conhecer, deixo-me levar.

A missão que trago não carrega o peso da censura,
Mas a leveza de entender, de abrir cada fechadura.
Não é no julgar que encontro o meu caminho,
Mas no conhecer, sozinho, acompanhado, no meu ninho.

No emaranhado da existência, onde as vidas se entre cruzam,
Novos mundos abrem-se, e as nossas almas se deslumbram.
Longe do julgamento, é na compreensão que a paz se encontra.

O desconhecido se revela, e a curiosidade desponta.
A missão que trago é de amor, uma busca pela verdade,
Em cada história não divulgada, um passo em direção à liberdade.

A Aprendizagem do Ser

O meu propósito transcende a crítica ou o desdém,
Na tapeçaria da vida, cada fio traz um bem.
Buscar compreender, não condenar ou repreender,
É a essência do meu ser, o que vim fazer.

Não desembarquei neste plano com a intenção de separar,
Mas sim, como um explorador, ansioso por desbravar.
Cada alma, um mistério; cada rosto, um novo mar,
Em cada história, uma lição que desejo acumular.

No intrincado labirinto, onde os destinos se entrelaçam,
Novas verdades surgem, e os nossos corações se abraçam.
Longe do julgamento, é na aceitação que o amor se expande.

A desconexão se desfaz, e a empatia se faz grande.
Cada alma que encontro é um convite à descoberta,
Em cada história não contada, uma janela aberta.

Viagem de Descoberta

Não vim para julgar, nem para o mundo dividir,
Vim para conhecer, em cada experiência me expandir.
Por entre os caminhos da vida, busco entender,
Que cada ser tem um mundo, que me cabe conhecer.

Cada história, um livro; cada voz, uma canção,
Em cada encontro, uma oportunidade de expansão.
Na tapeçaria do mundo, cada fio tem o seu lugar,
Na viagem de descoberta, escolho amar.

No labirinto da existência, onde os destinos se cruzam,
Novas verdades emergem, e as barreiras se desfazem.
No silêncio dos preconceitos, a empatia faz o seu lar.

E na vastidão do desconhecido, escolho navegar.
Em cada olhar estranho, vejo um universo a explorar,
Em cada história não dita, um tesouro a desvendar.

Propósito de Ser

Não cheguei a este mundo armado de julgamentos,
A minha jornada é pelo saber, pelos ventos.
Busco entender, não condenar ou afastar,
Nesta terra, vim apenas para explorar.

Cada pessoa, cada história, uma porta para o infinito,
Em cada olhar, um universo, um convite explícito.
Não é minha missão julgar ou mesmo reprimir,
Mas sim, abraçar o conhecimento, permitir-me descobrir.

No entrelaçar dos destinos, onde as vidas se cruzam,
Novas perspetivas surgem, e os preconceitos se desfazem.
Longe da censura, é no amor que a verdade se desvela.

O medo se dissipa, e a empatia se revela.
Cada encontro é uma oportunidade de aprender e de crescer,
Em cada história silenciada, um mundo a conhecer.

Caminho do Conhecimento

Vim a este mundo não para criticar,
Mas para observar, aprender, me encantar.
Cada ser, uma lição, cada vida, um livro aberto,
Na escola do existir, permaneço desperto.

Condenar é fácil, compreender é a arte,
Diante do vasto humano, minha alma parte.
Busco nas entrelinhas da existência, a verdade,
Neste mundo, o meu papel é de curiosidade.

Na dança do universo, onde os caminhos se unem,
Novas visões abrem-se, e as sombras se consomem.
 Nas páginas do desconhecido, a sabedoria floresce.

O julgamento cede, a compaixão prevalece.
Cada enigma decifrado é uma vitória da mente,
Em cada silêncio quebrado, um passo em frente.

Aprendiz da Vida

Não é meu papel julgar ou mesmo excluir,
Mas sim, mergulhar no vasto mar do existir.
Cada história tem a sua voz, seu singular canto,
Na diversidade do mundo, encontro o meu encanto.

A condenação fecha portas, o conhecimento as abre,
Por isso, diante do novo, a minha alma não se acanhe.
Venho para aprender, para cada mistério desvendar,
No livro da humanidade, continuo a folhear.

No jardim do tempo, onde as vidas se entrelaçam,
Novos frutos brotam, e as diferenças se abraçam.
Nos sussurros do vento, a sabedoria se revela.

A ignorância morre, a compreensão brilha bela.
Cada descoberta é um passo na dança do aprender,
Em cada rosto desconhecido, um novo mundo a conhecer.

Descoberta Sem Fim

O meu destino não é lançar sombras ou denegrir,
Mas sim, na luz do saber, construtivamente me inserir.
Cada experiência, um grão de areia na praia do saber,
Cada encontro, uma oportunidade do meu ser enriquecer.

O julgamento é fácil, mas escolho a compreensão,
Cada vida, um universo de imensa expansão.
Na jornada do conhecimento, deixo-me levar,
Com olhos de aprendiz, o mundo vou abraçar.

Tecendo a tapeçaria da vida, entre cores e desafios,
Descubro novas nuances, onde antes só via vazios.
No mosaico da existência, cada peça tem o seu lugar.

Em cada canto escondido, uma luz a brilhar.
Na sinfonia do universo, cada nota tem o seu valor,
Cada silêncio quebrado, um novo acorde a explorar.

Conclusão

Nestes sonetos, acompanhamos uma jornada lírica e introspetiva que desafia os limites do convencional. A primeira paragem desta viagem nos leva a um mundo em que o silêncio é a principal característica. As palavras tornam-se irrelevantes e as verdades ocultas surgem das profundezas do não diálogo. O silêncio, tão eloquente quanto qualquer outra palavra, transforma a linguagem numa melodia suave que ecoa no vazio.

Deixando o silêncio de lado, somos convidados a mergulhar na intensidade e na afinidade. Esta parte da jornada leva-nos ao mar do autoconhecimento e à autodescoberta. A cada interação, cada olhar, temos a oportunidade de desvendar a verdade sobre nós mesmos e estabelecer uma ligação autêntica com o outro.

Em seguida, os sonetos levam-nos à temática do desejo de ser visto. O presente estágio da viagem revela a complexidade do julgamento, da aprovação e da necessidade inerente de sermos compreendidos e aceites. É importante salientar que todos nós desejamos ser vistos e reconhecidos de forma integral.

A próxima etapa desta jornada será a reflexão sobre a existência humana e o legado. Aqui, questionamos a origem e o propósito das nossas vidas, bem como a herança imaterial que deixaremos para as gerações futuras.

Após refletirmos, passamos à celebração da esperança na luta. Este trecho da jornada é uma homenagem à resiliência humana, à força indomável que nos impulsiona a superar as adversidades e nos permite encontrar uma luz mesmo nas mais adversas circunstâncias.

Então, somos convidados a explorar a ilusão da liberdade. Este segmento da viagem nos faz questionar a natureza do destino e as sombras da incerteza que regem o futuro.

A jornada prossegue com a celebração do singular e do plural. A beleza da individualidade e a riqueza da nossa tapeçaria cultural são celebradas como a essência da humanidade.

Em seguida, os sonetos desafiam-nos a questionar as narrativas convencionais e buscar profundidade. Esta parte da nossa viagem literária é um chamado ao insucesso relativamente às perspetivas desiguais e à complexidade da existência humana.

Chegamos, finalmente, à odisseia do autoconhecimento. A última etapa da viagem é uma viagem poética pelo mundo do eu, onde cada passo é uma descoberta e cada experiência é uma oportunidade de crescimento e aprendizagem.

Ao final desta viagem, notamos que os sonetos são um mosaico literário que nos apresenta uma profunda reflexão filosófica e poética, que nos instiga a refletir, questionar e explorar. A vida é um processo contínuo de aprendizagem, autoconhecimento e celebração da diversidade humana.